Manusia pada mulanya diciptakan untuk bersekutu dengan Allah dan hidup dalam kebahagiaan yang sempurna.

···Allah menciptakan manusia menurut gambaran-Nya···
(Kejadian 1:27)

Namun, manusia telah berdosa akibat ketidaktaatan
kepada Allah dan terpisah daripada-Nya.

Akibatnya: kegelisahan, ketakutan / kematian

Kerana semua manusia telah berdosa dan tidak dapat mencapai kemuliaan Allah.
(Roma 3:23)
Kerana ganjaran dosa ialah kematian⋯
(Roma 6:23a)

Namun, Allah begitu mengasihani manusia sehingga
Dia mengutus Yesus Kristus ke dunia sebagai
Penebus dosa mereka.

···kerana Allah itu kasih. (1 Yohanes 4:8)
Demikianlah Anak Manusia juga datang bukan untuk dilayan tetapi untuk
melayan, dan untuk menyerahkan nyawa-Nya sebagai tebusan
bagi ramai orang. (Markus 10:45)

Yesus telah mati di kayu salib untuk membayar semua
dosa kita dan bangkit pada hari yang ketiga.
Dia ingin memberikan dua anugerah
sebagai hadiah kepada kita.

Hadiah: damai sejahtera / kehidupan yang kekal

Sejahtera Kutinggalkan bagimu. Sejahtera-Ku sendiri Kuberikan kepadamu.
Apa yang Kuberikan kepadamu bukan seperti yang disogokkan oleh dunia.
Janganlah resah hatimu dan janganlah takut. (Yohanes 14:27)
Pencuri datang untuk mencuri, membunuh dan membinasakan. Tetapi Aku
datang supaya manusia mempunyai hidup bahkan mempunyai hidup yang
berlimpah-limpah. (Yohanes 10:10)

Bukankah anda ingin sekali menerima damai sejahtera
yang sejati dan kehidupan yang kekal?

Allah sangat merindukan agar anda menerima Yesus
Kristus sekarang untuk memperoleh damai sejahtera
yang sejati dan kehidupan yang kekal.

Allah begitu mengasihi dunia sehingga menganugerahkan Anak-Nya yang
tunggal supaya setiap orang yang percaya kepada-Nya tidak binasa melainkan
mendapat hidup kekal. (Yohanes 3:16)
Namun demikian, Dia memberikan hak menjadi anak Allah kepada mereka
yang menerima-Nya dan percaya dalam nama-Nya. (Yohanes 1:12)

Pada saat ini, Yesus sedang mengetuk pintu hati anda.
Sekarang, anda perlu membuat pilihan: sama ada anda
akan terus hidup dalam kegelisahan dan ketakutan di
dunia yang berdosa ini, serta menderita di neraka
selamanya setelah kematian, atau menerima
Yesus untuk memperoleh damai sejahtera yang sejati
dan kehidupan yang kekal.
Adakah anda ingin menerima Yesus sebagai Tuhan dan
Juruselamat anda?

Dengarlah! Aku berdiri di hadapan pintu sambil mengetuk. Jika seseorang mendengar
suara-Ku dan membuka pintu, Aku akan masuk ke rumahnya. Aku akan makan
bersamanya dan dia bersama-Ku. (Wahyu 3:20)

Ketahuilah bahawa anda telah membuat keputusan
yang sangat tepat dan penting.
Sila ikuti doa yang telah disediakan seperti berikut:

Ya, Allah Bapa, saya seorang yang sangat berdosa. Hari ini
saya bertaubat atas segala dosa-dosaku. Tolong ampuni saya.
Saya percaya Yesus telah mati di kayu salib
kerana dosa-dosaku dan telah bangkit semula.
Sekarang, masuklah ke dalam hatiku
dan jadilah Tuhan dan Juruselamatku.
Saya berdoa dalam nama Yesus.
Amin.

Anda sudah menerima Yesus Kristus dan telah
menjadi anak Allah.

Tolong pergi ke gereja terdekat untuk beribadah,
mendengar firman Tuhan, berdoa, dan menikmati
kehidupan yang baru yang penuh dengan
kebahagiaan bersama Allah.